www.ingramcontent.com/pod-product-compliance
Lightning Source LLC
Chambersburg PA
CBHW060856220526
45466CB00003B/1390
* 9 7 8 1 6 5 8 2 1 4 4 6 9 *